I0106479

THIS BOOK BELONGS TO:

	NOTES
NAME	
ADDRESS	
PHONE #	
EMAIL	

Copyright © Teresa Rother
All rights reserved. No part of this publication may be reproduced,
distributed, or transmitted in any form or by any means, including
photocopy, recording, or other electronic or mechanical methods.

DEDICATION

This Fly Fishing Log Book is dedicated to anglers who want to document their experience.

You are my inspiration for producing this book and I'm honored to be a part of tracking your fishing adventures.

HOW TO USE THIS BOOK

This Fly Fishing Log Book will allow you to accurately record every detail of your fishing experience. It's a great way to document weather conditions, the number of fish caught, flies used, and much more.

Here are examples of information for you to fill in and write the details about your experience in this book.

Fill in the following information:

1. My Fishing Log - Fill in the date, time, location, moon phase, am/pm, tide conditions, weather, and wind conditions.

2. Catch Of The Day - Record fish species, weight, length, and fly used.

3. Hatches & Patterns - Fill in hatch information, use the checklist for fly patterns.

4. Notes - Record your favorite fly of the day, favorite fishing spot, and the highlight of the day

MY FISHING LOG

DATE		LOCATION		
TIME		MOON PHASE		
AM/PM		TIDE CONDITIONS		
WEATHER CONDITIONS		WIND CONDITIONS		

CATCH OF THE DAY

SPECIES	WEIGHT	LENGTH	FLY USED

HATCHES	FLY PATTERN
	O DRY O WET O STREAMER O POPPER O SALT WATER
	O DRY O WET O STREAMER O POPPER O SALT WATER
	O DRY O WET O STREAMER O POPPER O SALT WATER
	O DRY O WET O STREAMER O POPPER O SALT WATER
	O DRY O WET O STREAMER O POPPER O SALT WATER
	O DRY O WET O STREAMER O POPPER O SALT WATER

NOTES

FAVORITE FLY OF THE DAY	
FAVORITE FISHING SPOT	
HIGHLIGHT OF THE DAY	

MY FISHING LOG

DATE		LOCATION	
TIME		MOON PHASE	
AM/PM		TIDE CONDITIONS	
WEATHER CONDITIONS		WIND CONDITIONS	

CATCH OF THE DAY

SPECIES	WEIGHT	LENGTH	FLY USED

HATCHES	FLY PATTERN
	O DRY O WET O STREAMER O POPPER O SALT WATER
	O DRY O WET O STREAMER O POPPER O SALT WATER
	O DRY O WET O STREAMER O POPPER O SALT WATER
	O DRY O WET O STREAMER O POPPER O SALT WATER
	O DRY O WET O STREAMER O POPPER O SALT WATER
	O DRY O WET O STREAMER O POPPER O SALT WATER

NOTES

FAVORITE FLY OF THE DAY	
FAVORITE FISHING SPOT	
HIGHLIGHT OF THE DAY	

MY FISHING LOG

DATE		LOCATION	
TIME		MOON PHASE	
AM/PM		TIDE CONDITIONS	
WEATHER CONDITIONS		WIND CONDITIONS	

CATCH OF THE DAY

SPECIES	WEIGHT	LENGTH	FLY USED

HATCHES	FLY PATTERN
	O DRY O WET O STREAMER O POPPER O SALT WATER
	O DRY O WET O STREAMER O POPPER O SALT WATER
	O DRY O WET O STREAMER O POPPER O SALT WATER
	O DRY O WET O STREAMER O POPPER O SALT WATER
	O DRY O WET O STREAMER O POPPER O SALT WATER
	O DRY O WET O STREAMER O POPPER O SALT WATER

NOTES

FAVORITE FLY OF THE DAY	
FAVORITE FISHING SPOT	
HIGHLIGHT OF THE DAY	

MY FISHING LOG

DATE		LOCATION	
TIME		MOON PHASE	
AM/PM		TIDE CONDITIONS	
WEATHER CONDITIONS		WIND CONDITIONS	

CATCH OF THE DAY

SPECIES	WEIGHT	LENGTH	FLY USED

HATCHES	FLY PATTERN
	O DRY O WET O STREAMER O POPPER O SALT WATER
	O DRY O WET O STREAMER O POPPER O SALT WATER
	O DRY O WET O STREAMER O POPPER O SALT WATER
	O DRY O WET O STREAMER O POPPER O SALT WATER
	O DRY O WET O STREAMER O POPPER O SALT WATER
	O DRY O WET O STREAMER O POPPER O SALT WATER

NOTES

FAVORITE FLY OF THE DAY	
FAVORITE FISHING SPOT	
HIGHLIGHT OF THE DAY	

MY FISHING LOG

DATE		LOCATION	
TIME		MOON PHASE	
AM/PM		TIDE CONDITIONS	
WEATHER CONDITIONS		WIND CONDITIONS	

CATCH OF THE DAY

SPECIES	WEIGHT	LENGTH	FLY USED

HATCHES	FLY PATTERN
	O DRY O WET O STREAMER O POPPER O SALT WATER
	O DRY O WET O STREAMER O POPPER O SALT WATER
	O DRY O WET O STREAMER O POPPER O SALT WATER
	O DRY O WET O STREAMER O POPPER O SALT WATER
	O DRY O WET O STREAMER O POPPER O SALT WATER
	O DRY O WET O STREAMER O POPPER O SALT WATER

NOTES

FAVORITE FLY OF THE DAY	
FAVORITE FISHING SPOT	
HIGHLIGHT OF THE DAY	

MY FISHING LOG

DATE		LOCATION	
TIME		MOON PHASE	
AM/PM		TIDE CONDITIONS	
WEATHER CONDITIONS		WIND CONDITIONS	

CATCH OF THE DAY

SPECIES	WEIGHT	LENGTH	FLY USED

HATCHES	FLY PATTERN
	O DRY O WET O STREAMER O POPPER O SALT WATER
	O DRY O WET O STREAMER O POPPER O SALT WATER
	O DRY O WET O STREAMER O POPPER O SALT WATER
	O DRY O WET O STREAMER O POPPER O SALT WATER
	O DRY O WET O STREAMER O POPPER O SALT WATER
	O DRY O WET O STREAMER O POPPER O SALT WATER

NOTES

FAVORITE FLY OF THE DAY	
FAVORITE FISHING SPOT	
HIGHLIGHT OF THE DAY	

MY FISHING LOG

DATE		LOCATION	
TIME		MOON PHASE	
AM/PM		TIDE CONDITIONS	
WEATHER CONDITIONS		WIND CONDITIONS	

CATCH OF THE DAY

SPECIES	WEIGHT	LENGTH	FLY USED

HATCHES	FLY PATTERN
	O DRY O WET O STREAMER O POPPER O SALT WATER
	O DRY O WET O STREAMER O POPPER O SALT WATER
	O DRY O WET O STREAMER O POPPER O SALT WATER
	O DRY O WET O STREAMER O POPPER O SALT WATER
	O DRY O WET O STREAMER O POPPER O SALT WATER
	O DRY O WET O STREAMER O POPPER O SALT WATER

NOTES

FAVORITE FLY OF THE DAY	
FAVORITE FISHING SPOT	
HIGHLIGHT OF THE DAY	

MY FISHING LOG

DATE		LOCATION	
TIME		MOON PHASE	
AM/PM		TIDE CONDITIONS	
WEATHER CONDITIONS		WIND CONDITIONS	

CATCH OF THE DAY

SPECIES	WEIGHT	LENGTH	FLY USED

HATCHES	FLY PATTERN
	O DRY O WET O STREAMER O POPPER O SALT WATER
	O DRY O WET O STREAMER O POPPER O SALT WATER
	O DRY O WET O STREAMER O POPPER O SALT WATER
	O DRY O WET O STREAMER O POPPER O SALT WATER
	O DRY O WET O STREAMER O POPPER O SALT WATER
	O DRY O WET O STREAMER O POPPER O SALT WATER

NOTES

FAVORITE FLY OF THE DAY	
FAVORITE FISHING SPOT	
HIGHLIGHT OF THE DAY	

MY FISHING LOG

DATE		LOCATION	
TIME		MOON PHASE	
AM/PM		TIDE CONDITIONS	
WEATHER CONDITIONS		WIND CONDITIONS	

CATCH OF THE DAY

SPECIES	WEIGHT	LENGTH	FLY USED

HATCHES	FLY PATTERN
	O DRY O WET O STREAMER O POPPER O SALT WATER
	O DRY O WET O STREAMER O POPPER O SALT WATER
	O DRY O WET O STREAMER O POPPER O SALT WATER
	O DRY O WET O STREAMER O POPPER O SALT WATER
	O DRY O WET O STREAMER O POPPER O SALT WATER
	O DRY O WET O STREAMER O POPPER O SALT WATER

NOTES

FAVORITE FLY OF THE DAY	
FAVORITE FISHING SPOT	
HIGHLIGHT OF THE DAY	

MY FISHING LOG

DATE		LOCATION	
TIME		MOON PHASE	
AM/PM		TIDE CONDITIONS	
WEATHER CONDITIONS		WIND CONDITIONS	

CATCH OF THE DAY

SPECIES	WEIGHT	LENGTH	FLY USED

HATCHES	FLY PATTERN
	O DRY O WET O STREAMER O POPPER O SALT WATER
	O DRY O WET O STREAMER O POPPER O SALT WATER
	O DRY O WET O STREAMER O POPPER O SALT WATER
	O DRY O WET O STREAMER O POPPER O SALT WATER
	O DRY O WET O STREAMER O POPPER O SALT WATER
	O DRY O WET O STREAMER O POPPER O SALT WATER

NOTES

FAVORITE FLY OF THE DAY	
FAVORITE FISHING SPOT	
HIGHLIGHT OF THE DAY	

MY FISHING LOG

DATE		LOCATION	
TIME		MOON PHASE	
AM/PM		TIDE CONDITIONS	
WEATHER CONDITIONS		WIND CONDITIONS	

CATCH OF THE DAY

SPECIES	WEIGHT	LENGTH	FLY USED

HATCHES	FLY PATTERN
	O DRY O WET O STREAMER O POPPER O SALT WATER
	O DRY O WET O STREAMER O POPPER O SALT WATER
	O DRY O WET O STREAMER O POPPER O SALT WATER
	O DRY O WET O STREAMER O POPPER O SALT WATER
	O DRY O WET O STREAMER O POPPER O SALT WATER
	O DRY O WET O STREAMER O POPPER O SALT WATER

NOTES

FAVORITE FLY OF THE DAY	
FAVORITE FISHING SPOT	
HIGHLIGHT OF THE DAY	

MY FISHING LOG

DATE		LOCATION	
TIME		MOON PHASE	
AM/PM		TIDE CONDITIONS	
WEATHER CONDITIONS		WIND CONDITIONS	

CATCH OF THE DAY

SPECIES	WEIGHT	LENGTH	FLY USED

HATCHES	FLY PATTERN
	O DRY O WET O STREAMER O POPPER O SALT WATER
	O DRY O WET O STREAMER O POPPER O SALT WATER
	O DRY O WET O STREAMER O POPPER O SALT WATER
	O DRY O WET O STREAMER O POPPER O SALT WATER
	O DRY O WET O STREAMER O POPPER O SALT WATER
	O DRY O WET O STREAMER O POPPER O SALT WATER

NOTES

FAVORITE FLY OF THE DAY	
FAVORITE FISHING SPOT	
HIGHLIGHT OF THE DAY	

MY FISHING LOG

DATE		LOCATION	
TIME		MOON PHASE	
AM/PM		TIDE CONDITIONS	
WEATHER CONDITIONS		WIND CONDITIONS	

CATCH OF THE DAY

SPECIES	WEIGHT	LENGTH	FLY USED

HATCHES	FLY PATTERN
	O DRY O WET O STREAMER O POPPER O SALT WATER
	O DRY O WET O STREAMER O POPPER O SALT WATER
	O DRY O WET O STREAMER O POPPER O SALT WATER
	O DRY O WET O STREAMER O POPPER O SALT WATER
	O DRY O WET O STREAMER O POPPER O SALT WATER
	O DRY O WET O STREAMER O POPPER O SALT WATER

NOTES

FAVORITE FLY OF THE DAY	
FAVORITE FISHING SPOT	
HIGHLIGHT OF THE DAY	

MY FISHING LOG

DATE		LOCATION	
TIME		MOON PHASE	
AM/PM		TIDE CONDITIONS	
WEATHER CONDITIONS		WIND CONDITIONS	

CATCH OF THE DAY

SPECIES	WEIGHT	LENGTH	FLY USED

HATCHES	FLY PATTERN
	O DRY O WET O STREAMER O POPPER O SALT WATER
	O DRY O WET O STREAMER O POPPER O SALT WATER
	O DRY O WET O STREAMER O POPPER O SALT WATER
	O DRY O WET O STREAMER O POPPER O SALT WATER
	O DRY O WET O STREAMER O POPPER O SALT WATER
	O DRY O WET O STREAMER O POPPER O SALT WATER

NOTES

FAVORITE FLY OF THE DAY	
FAVORITE FISHING SPOT	
HIGHLIGHT OF THE DAY	

MY FISHING LOG

DATE		LOCATION	
TIME		MOON PHASE	
AM/PM		TIDE CONDITIONS	
WEATHER CONDITIONS		WIND CONDITIONS	

CATCH OF THE DAY

SPECIES	WEIGHT	LENGTH	FLY USED

HATCHES	FLY PATTERN
	O DRY O WET O STREAMER O POPPER O SALT WATER
	O DRY O WET O STREAMER O POPPER O SALT WATER
	O DRY O WET O STREAMER O POPPER O SALT WATER
	O DRY O WET O STREAMER O POPPER O SALT WATER
	O DRY O WET O STREAMER O POPPER O SALT WATER
	O DRY O WET O STREAMER O POPPER O SALT WATER

NOTES

FAVORITE FLY OF THE DAY	
FAVORITE FISHING SPOT	
HIGHLIGHT OF THE DAY	

MY FISHING LOG

DATE		LOCATION	
TIME		MOON PHASE	
AM/PM		TIDE CONDITIONS	
WEATHER CONDITIONS		WIND CONDITIONS	

CATCH OF THE DAY

SPECIES	WEIGHT	LENGTH	FLY USED

HATCHES	FLY PATTERN
	O DRY O WET O STREAMER O POPPER O SALT WATER
	O DRY O WET O STREAMER O POPPER O SALT WATER
	O DRY O WET O STREAMER O POPPER O SALT WATER
	O DRY O WET O STREAMER O POPPER O SALT WATER
	O DRY O WET O STREAMER O POPPER O SALT WATER
	O DRY O WET O STREAMER O POPPER O SALT WATER

NOTES

FAVORITE FLY OF THE DAY	
FAVORITE FISHING SPOT	
HIGHLIGHT OF THE DAY	

MY FISHING LOG

DATE		LOCATION	
TIME		MOON PHASE	
AM/PM		TIDE CONDITIONS	
WEATHER CONDITIONS		WIND CONDITIONS	

CATCH OF THE DAY

SPECIES	WEIGHT	LENGTH	FLY USED

HATCHES	FLY PATTERN
	O DRY O WET O STREAMER O POPPER O SALT WATER
	O DRY O WET O STREAMER O POPPER O SALT WATER
	O DRY O WET O STREAMER O POPPER O SALT WATER
	O DRY O WET O STREAMER O POPPER O SALT WATER
	O DRY O WET O STREAMER O POPPER O SALT WATER
	O DRY O WET O STREAMER O POPPER O SALT WATER

NOTES

FAVORITE FLY OF THE DAY	
FAVORITE FISHING SPOT	
HIGHLIGHT OF THE DAY	

MY FISHING LOG

DATE		LOCATION	
TIME		MOON PHASE	
AM/PM		TIDE CONDITIONS	
WEATHER CONDITIONS		WIND CONDITIONS	

CATCH OF THE DAY

SPECIES	WEIGHT	LENGTH	FLY USED

HATCHES	FLY PATTERN
	O DRY O WET O STREAMER O POPPER O SALT WATER
	O DRY O WET O STREAMER O POPPER O SALT WATER
	O DRY O WET O STREAMER O POPPER O SALT WATER
	O DRY O WET O STREAMER O POPPER O SALT WATER
	O DRY O WET O STREAMER O POPPER O SALT WATER
	O DRY O WET O STREAMER O POPPER O SALT WATER

NOTES

FAVORITE FLY OF THE DAY	
FAVORITE FISHING SPOT	
HIGHLIGHT OF THE DAY	

MY FISHING LOG

DATE		LOCATION	
TIME		MOON PHASE	
AM/PM		TIDE CONDITIONS	
WEATHER CONDITIONS		WIND CONDITIONS	

CATCH OF THE DAY

SPECIES	WEIGHT	LENGTH	FLY USED

HATCHES	FLY PATTERN
	O DRY O WET O STREAMER O POPPER O SALT WATER
	O DRY O WET O STREAMER O POPPER O SALT WATER
	O DRY O WET O STREAMER O POPPER O SALT WATER
	O DRY O WET O STREAMER O POPPER O SALT WATER
	O DRY O WET O STREAMER O POPPER O SALT WATER
	O DRY O WET O STREAMER O POPPER O SALT WATER

NOTES

FAVORITE FLY OF THE DAY	
FAVORITE FISHING SPOT	
HIGHLIGHT OF THE DAY	

MY FISHING LOG

DATE		LOCATION	
TIME		MOON PHASE	
AM/PM		TIDE CONDITIONS	
WEATHER CONDITIONS		WIND CONDITIONS	

CATCH OF THE DAY

SPECIES	WEIGHT	LENGTH	FLY USED

HATCHES	FLY PATTERN
	O DRY O WET O STREAMER O POPPER O SALT WATER
	O DRY O WET O STREAMER O POPPER O SALT WATER
	O DRY O WET O STREAMER O POPPER O SALT WATER
	O DRY O WET O STREAMER O POPPER O SALT WATER
	O DRY O WET O STREAMER O POPPER O SALT WATER
	O DRY O WET O STREAMER O POPPER O SALT WATER

NOTES

FAVORITE FLY OF THE DAY	
FAVORITE FISHING SPOT	
HIGHLIGHT OF THE DAY	

MY FISHING LOG			
DATE		LOCATION	
TIME		MOON PHASE	
AM/PM		TIDE CONDITIONS	
WEATHER CONDITIONS		WIND CONDITIONS	

CATCH OF THE DAY			
SPECIES	WEIGHT	LENGTH	FLY USED

HATCHES	FLY PATTERN
	O DRY O WET O STREAMER O POPPER O SALT WATER
	O DRY O WET O STREAMER O POPPER O SALT WATER
	O DRY O WET O STREAMER O POPPER O SALT WATER
	O DRY O WET O STREAMER O POPPER O SALT WATER
	O DRY O WET O STREAMER O POPPER O SALT WATER
	O DRY O WET O STREAMER O POPPER O SALT WATER

NOTES	
FAVORITE FLY OF THE DAY	
FAVORITE FISHING SPOT	
HIGHLIGHT OF THE DAY	

MY FISHING LOG

DATE		LOCATION	
TIME		MOON PHASE	
AM/PM		TIDE CONDITIONS	
WEATHER CONDITIONS		WIND CONDITIONS	

CATCH OF THE DAY

SPECIES	WEIGHT	LENGTH	FLY USED

HATCHES	FLY PATTERN
	O DRY O WET O STREAMER O POPPER O SALT WATER
	O DRY O WET O STREAMER O POPPER O SALT WATER
	O DRY O WET O STREAMER O POPPER O SALT WATER
	O DRY O WET O STREAMER O POPPER O SALT WATER
	O DRY O WET O STREAMER O POPPER O SALT WATER
	O DRY O WET O STREAMER O POPPER O SALT WATER

NOTES

FAVORITE FLY OF THE DAY	
FAVORITE FISHING SPOT	
HIGHLIGHT OF THE DAY	

MY FISHING LOG

DATE		LOCATION	
TIME		MOON PHASE	
AM/PM		TIDE CONDITIONS	
WEATHER CONDITIONS		WIND CONDITIONS	

CATCH OF THE DAY

SPECIES	WEIGHT	LENGTH	FLY USED

HATCHES	FLY PATTERN
	O DRY O WET O STREAMER O POPPER O SALT WATER
	O DRY O WET O STREAMER O POPPER O SALT WATER
	O DRY O WET O STREAMER O POPPER O SALT WATER
	O DRY O WET O STREAMER O POPPER O SALT WATER
	O DRY O WET O STREAMER O POPPER O SALT WATER
	O DRY O WET O STREAMER O POPPER O SALT WATER

NOTES

FAVORITE FLY OF THE DAY	
FAVORITE FISHING SPOT	
HIGHLIGHT OF THE DAY	

MY FISHING LOG

DATE		LOCATION	
TIME		MOON PHASE	
AM/PM		TIDE CONDITIONS	
WEATHER CONDITIONS		WIND CONDITIONS	

CATCH OF THE DAY

SPECIES	WEIGHT	LENGTH	FLY USED

HATCHES	FLY PATTERN
	O DRY O WET O STREAMER O POPPER O SALT WATER
	O DRY O WET O STREAMER O POPPER O SALT WATER
	O DRY O WET O STREAMER O POPPER O SALT WATER
	O DRY O WET O STREAMER O POPPER O SALT WATER
	O DRY O WET O STREAMER O POPPER O SALT WATER
	O DRY O WET O STREAMER O POPPER O SALT WATER

NOTES

FAVORITE FLY OF THE DAY	
FAVORITE FISHING SPOT	
HIGHLIGHT OF THE DAY	

MY FISHING LOG

DATE		LOCATION	
TIME		MOON PHASE	
AM/PM		TIDE CONDITIONS	
WEATHER CONDITIONS		WIND CONDITIONS	

CATCH OF THE DAY

SPECIES	WEIGHT	LENGTH	FLY USED

HATCHES	FLY PATTERN
	O DRY O WET O STREAMER O POPPER O SALT WATER
	O DRY O WET O STREAMER O POPPER O SALT WATER
	O DRY O WET O STREAMER O POPPER O SALT WATER
	O DRY O WET O STREAMER O POPPER O SALT WATER
	O DRY O WET O STREAMER O POPPER O SALT WATER
	O DRY O WET O STREAMER O POPPER O SALT WATER

NOTES

FAVORITE FLY OF THE DAY	
FAVORITE FISHING SPOT	
HIGHLIGHT OF THE DAY	

MY FISHING LOG

DATE		LOCATION	
TIME		MOON PHASE	
AM/PM		TIDE CONDITIONS	
WEATHER CONDITIONS		WIND CONDITIONS	

CATCH OF THE DAY

SPECIES	WEIGHT	LENGTH	FLY USED

HATCHES	FLY PATTERN
	O DRY O WET O STREAMER O POPPER O SALT WATER
	O DRY O WET O STREAMER O POPPER O SALT WATER
	O DRY O WET O STREAMER O POPPER O SALT WATER
	O DRY O WET O STREAMER O POPPER O SALT WATER
	O DRY O WET O STREAMER O POPPER O SALT WATER
	O DRY O WET O STREAMER O POPPER O SALT WATER

NOTES

FAVORITE FLY OF THE DAY	
FAVORITE FISHING SPOT	
HIGHLIGHT OF THE DAY	

MY FISHING LOG

DATE		LOCATION	
TIME		MOON PHASE	
AM/PM		TIDE CONDITIONS	
WEATHER CONDITIONS		WIND CONDITIONS	

CATCH OF THE DAY

SPECIES	WEIGHT	LENGTH	FLY USED

HATCHES	FLY PATTERN
	O DRY O WET O STREAMER O POPPER O SALT WATER
	O DRY O WET O STREAMER O POPPER O SALT WATER
	O DRY O WET O STREAMER O POPPER O SALT WATER
	O DRY O WET O STREAMER O POPPER O SALT WATER
	O DRY O WET O STREAMER O POPPER O SALT WATER
	O DRY O WET O STREAMER O POPPER O SALT WATER

NOTES

FAVORITE FLY OF THE DAY	
FAVORITE FISHING SPOT	
HIGHLIGHT OF THE DAY	

MY FISHING LOG			
DATE		LOCATION	
TIME		MOON PHASE	
AM/PM		TIDE CONDITIONS	
WEATHER CONDITIONS		WIND CONDITIONS	

CATCH OF THE DAY			
SPECIES	WEIGHT	LENGTH	FLY USED

HATCHES	FLY PATTERN
	O DRY O WET O STREAMER O POPPER O SALT WATER
	O DRY O WET O STREAMER O POPPER O SALT WATER
	O DRY O WET O STREAMER O POPPER O SALT WATER
	O DRY O WET O STREAMER O POPPER O SALT WATER
	O DRY O WET O STREAMER O POPPER O SALT WATER
	O DRY O WET O STREAMER O POPPER O SALT WATER

NOTES	
FAVORITE FLY OF THE DAY	
FAVORITE FISHING SPOT	
HIGHLIGHT OF THE DAY	

MY FISHING LOG

DATE		LOCATION	
TIME		MOON PHASE	
AM/PM		TIDE CONDITIONS	
WEATHER CONDITIONS		WIND CONDITIONS	

CATCH OF THE DAY

SPECIES	WEIGHT	LENGTH	FLY USED

HATCHES	FLY PATTERN
	O DRY O WET O STREAMER O POPPER O SALT WATER
	O DRY O WET O STREAMER O POPPER O SALT WATER
	O DRY O WET O STREAMER O POPPER O SALT WATER
	O DRY O WET O STREAMER O POPPER O SALT WATER
	O DRY O WET O STREAMER O POPPER O SALT WATER
	O DRY O WET O STREAMER O POPPER O SALT WATER

NOTES

FAVORITE FLY OF THE DAY	
FAVORITE FISHING SPOT	
HIGHLIGHT OF THE DAY	

MY FISHING LOG

DATE		LOCATION	
TIME		MOON PHASE	
AM/PM		TIDE CONDITIONS	
WEATHER CONDITIONS		WIND CONDITIONS	

CATCH OF THE DAY

SPECIES	WEIGHT	LENGTH	FLY USED

HATCHES	FLY PATTERN
	O DRY O WET O STREAMER O POPPER O SALT WATER
	O DRY O WET O STREAMER O POPPER O SALT WATER
	O DRY O WET O STREAMER O POPPER O SALT WATER
	O DRY O WET O STREAMER O POPPER O SALT WATER
	O DRY O WET O STREAMER O POPPER O SALT WATER
	O DRY O WET O STREAMER O POPPER O SALT WATER

NOTES

FAVORITE FLY OF THE DAY	
FAVORITE FISHING SPOT	
HIGHLIGHT OF THE DAY	

MY FISHING LOG

DATE		LOCATION	
TIME		MOON PHASE	
AM/PM		TIDE CONDITIONS	
WEATHER CONDITIONS		WIND CONDITIONS	

CATCH OF THE DAY

SPECIES	WEIGHT	LENGTH	FLY USED

HATCHES	FLY PATTERN
	O DRY O WET O STREAMER O POPPER O SALT WATER
	O DRY O WET O STREAMER O POPPER O SALT WATER
	O DRY O WET O STREAMER O POPPER O SALT WATER
	O DRY O WET O STREAMER O POPPER O SALT WATER
	O DRY O WET O STREAMER O POPPER O SALT WATER
	O DRY O WET O STREAMER O POPPER O SALT WATER

NOTES

FAVORITE FLY OF THE DAY	
FAVORITE FISHING SPOT	
HIGHLIGHT OF THE DAY	

MY FISHING LOG

DATE		LOCATION	
TIME		MOON PHASE	
AM/PM		TIDE CONDITIONS	
WEATHER CONDITIONS		WIND CONDITIONS	

CATCH OF THE DAY

SPECIES	WEIGHT	LENGTH	FLY USED

HATCHES	FLY PATTERN
	O DRY O WET O STREAMER O POPPER O SALT WATER
	O DRY O WET O STREAMER O POPPER O SALT WATER
	O DRY O WET O STREAMER O POPPER O SALT WATER
	O DRY O WET O STREAMER O POPPER O SALT WATER
	O DRY O WET O STREAMER O POPPER O SALT WATER
	O DRY O WET O STREAMER O POPPER O SALT WATER

NOTES

FAVORITE FLY OF THE DAY	
FAVORITE FISHING SPOT	
HIGHLIGHT OF THE DAY	

MY FISHING LOG

DATE		LOCATION	
TIME		MOON PHASE	
AM/PM		TIDE CONDITIONS	
WEATHER CONDITIONS		WIND CONDITIONS	

CATCH OF THE DAY

SPECIES	WEIGHT	LENGTH	FLY USED

HATCHES	FLY PATTERN
	O DRY O WET O STREAMER O POPPER O SALT WATER
	O DRY O WET O STREAMER O POPPER O SALT WATER
	O DRY O WET O STREAMER O POPPER O SALT WATER
	O DRY O WET O STREAMER O POPPER O SALT WATER
	O DRY O WET O STREAMER O POPPER O SALT WATER
	O DRY O WET O STREAMER O POPPER O SALT WATER

NOTES

FAVORITE FLY OF THE DAY	
FAVORITE FISHING SPOT	
HIGHLIGHT OF THE DAY	

MY FISHING LOG			
DATE		LOCATION	
TIME		MOON PHASE	
AM/PM		TIDE CONDITIONS	
WEATHER CONDITIONS		WIND CONDITIONS	

CATCH OF THE DAY			
SPECIES	WEIGHT	LENGTH	FLY USED

HATCHES	FLY PATTERN
	O DRY O WET O STREAMER O POPPER O SALT WATER
	O DRY O WET O STREAMER O POPPER O SALT WATER
	O DRY O WET O STREAMER O POPPER O SALT WATER
	O DRY O WET O STREAMER O POPPER O SALT WATER
	O DRY O WET O STREAMER O POPPER O SALT WATER
	O DRY O WET O STREAMER O POPPER O SALT WATER

NOTES	
FAVORITE FLY OF THE DAY	
FAVORITE FISHING SPOT	
HIGHLIGHT OF THE DAY	

MY FISHING LOG

DATE		LOCATION	
TIME		MOON PHASE	
AM/PM		TIDE CONDITIONS	
WEATHER CONDITIONS		WIND CONDITIONS	

CATCH OF THE DAY

SPECIES	WEIGHT	LENGTH	FLY USED

HATCHES	FLY PATTERN
	O DRY O WET O STREAMER O POPPER O SALT WATER
	O DRY O WET O STREAMER O POPPER O SALT WATER
	O DRY O WET O STREAMER O POPPER O SALT WATER
	O DRY O WET O STREAMER O POPPER O SALT WATER
	O DRY O WET O STREAMER O POPPER O SALT WATER
	O DRY O WET O STREAMER O POPPER O SALT WATER

NOTES

FAVORITE FLY OF THE DAY	
FAVORITE FISHING SPOT	
HIGHLIGHT OF THE DAY	

MY FISHING LOG

DATE		LOCATION	
TIME		MOON PHASE	
AM/PM		TIDE CONDITIONS	
WEATHER CONDITIONS		WIND CONDITIONS	

CATCH OF THE DAY

SPECIES	WEIGHT	LENGTH	FLY USED

HATCHES	FLY PATTERN
	O DRY O WET O STREAMER O POPPER O SALT WATER
	O DRY O WET O STREAMER O POPPER O SALT WATER
	O DRY O WET O STREAMER O POPPER O SALT WATER
	O DRY O WET O STREAMER O POPPER O SALT WATER
	O DRY O WET O STREAMER O POPPER O SALT WATER
	O DRY O WET O STREAMER O POPPER O SALT WATER

NOTES

FAVORITE FLY OF THE DAY	
FAVORITE FISHING SPOT	
HIGHLIGHT OF THE DAY	

MY FISHING LOG

DATE		LOCATION	
TIME		MOON PHASE	
AM/PM		TIDE CONDITIONS	
WEATHER CONDITIONS		WIND CONDITIONS	

CATCH OF THE DAY

SPECIES	WEIGHT	LENGTH	FLY USED

HATCHES	FLY PATTERN
	O DRY O WET O STREAMER O POPPER O SALT WATER
	O DRY O WET O STREAMER O POPPER O SALT WATER
	O DRY O WET O STREAMER O POPPER O SALT WATER
	O DRY O WET O STREAMER O POPPER O SALT WATER
	O DRY O WET O STREAMER O POPPER O SALT WATER
	O DRY O WET O STREAMER O POPPER O SALT WATER

NOTES

FAVORITE FLY OF THE DAY	
FAVORITE FISHING SPOT	
HIGHLIGHT OF THE DAY	

MY FISHING LOG

DATE		LOCATION	
TIME		MOON PHASE	
AM/PM		TIDE CONDITIONS	
WEATHER CONDITIONS		WIND CONDITIONS	

CATCH OF THE DAY

SPECIES	WEIGHT	LENGTH	FLY USED

HATCHES	FLY PATTERN
	O DRY O WET O STREAMER O POPPER O SALT WATER
	O DRY O WET O STREAMER O POPPER O SALT WATER
	O DRY O WET O STREAMER O POPPER O SALT WATER
	O DRY O WET O STREAMER O POPPER O SALT WATER
	O DRY O WET O STREAMER O POPPER O SALT WATER
	O DRY O WET O STREAMER O POPPER O SALT WATER

NOTES

FAVORITE FLY OF THE DAY	
FAVORITE FISHING SPOT	
HIGHLIGHT OF THE DAY	

MY FISHING LOG

DATE		LOCATION	
TIME		MOON PHASE	
AM/PM		TIDE CONDITIONS	
WEATHER CONDITIONS		WIND CONDITIONS	

CATCH OF THE DAY

SPECIES	WEIGHT	LENGTH	FLY USED

HATCHES	FLY PATTERN
	O DRY O WET O STREAMER O POPPER O SALT WATER
	O DRY O WET O STREAMER O POPPER O SALT WATER
	O DRY O WET O STREAMER O POPPER O SALT WATER
	O DRY O WET O STREAMER O POPPER O SALT WATER
	O DRY O WET O STREAMER O POPPER O SALT WATER
	O DRY O WET O STREAMER O POPPER O SALT WATER

NOTES

FAVORITE FLY OF THE DAY	
FAVORITE FISHING SPOT	
HIGHLIGHT OF THE DAY	

MY FISHING LOG

DATE		LOCATION	
TIME		MOON PHASE	
AM/PM		TIDE CONDITIONS	
WEATHER CONDITIONS		WIND CONDITIONS	

CATCH OF THE DAY

SPECIES	WEIGHT	LENGTH	FLY USED

HATCHES	FLY PATTERN
	O DRY O WET O STREAMER O POPPER O SALT WATER
	O DRY O WET O STREAMER O POPPER O SALT WATER
	O DRY O WET O STREAMER O POPPER O SALT WATER
	O DRY O WET O STREAMER O POPPER O SALT WATER
	O DRY O WET O STREAMER O POPPER O SALT WATER
	O DRY O WET O STREAMER O POPPER O SALT WATER

NOTES

FAVORITE FLY OF THE DAY	
FAVORITE FISHING SPOT	
HIGHLIGHT OF THE DAY	

MY FISHING LOG

DATE		LOCATION	
TIME		MOON PHASE	
AM/PM		TIDE CONDITIONS	
WEATHER CONDITIONS		WIND CONDITIONS	

CATCH OF THE DAY

SPECIES	WEIGHT	LENGTH	FLY USED

HATCHES	FLY PATTERN
	O DRY O WET O STREAMER O POPPER O SALT WATER
	O DRY O WET O STREAMER O POPPER O SALT WATER
	O DRY O WET O STREAMER O POPPER O SALT WATER
	O DRY O WET O STREAMER O POPPER O SALT WATER
	O DRY O WET O STREAMER O POPPER O SALT WATER
	O DRY O WET O STREAMER O POPPER O SALT WATER

NOTES

FAVORITE FLY OF THE DAY	
FAVORITE FISHING SPOT	
HIGHLIGHT OF THE DAY	

MY FISHING LOG

DATE		LOCATION	
TIME		MOON PHASE	
AM/PM		TIDE CONDITIONS	
WEATHER CONDITIONS		WIND CONDITIONS	

CATCH OF THE DAY

SPECIES	WEIGHT	LENGTH	FLY USED

HATCHES	FLY PATTERN
	O DRY O WET O STREAMER O POPPER O SALT WATER
	O DRY O WET O STREAMER O POPPER O SALT WATER
	O DRY O WET O STREAMER O POPPER O SALT WATER
	O DRY O WET O STREAMER O POPPER O SALT WATER
	O DRY O WET O STREAMER O POPPER O SALT WATER
	O DRY O WET O STREAMER O POPPER O SALT WATER

NOTES

FAVORITE FLY OF THE DAY	
FAVORITE FISHING SPOT	
HIGHLIGHT OF THE DAY	

MY FISHING LOG

DATE		LOCATION	
TIME		MOON PHASE	
AM/PM		TIDE CONDITIONS	
WEATHER CONDITIONS		WIND CONDITIONS	

CATCH OF THE DAY

SPECIES	WEIGHT	LENGTH	FLY USED

HATCHES	FLY PATTERN
	O DRY O WET O STREAMER O POPPER O SALT WATER
	O DRY O WET O STREAMER O POPPER O SALT WATER
	O DRY O WET O STREAMER O POPPER O SALT WATER
	O DRY O WET O STREAMER O POPPER O SALT WATER
	O DRY O WET O STREAMER O POPPER O SALT WATER
	O DRY O WET O STREAMER O POPPER O SALT WATER

NOTES

FAVORITE FLY OF THE DAY	
FAVORITE FISHING SPOT	
HIGHLIGHT OF THE DAY	

MY FISHING LOG

DATE		LOCATION	
TIME		MOON PHASE	
AM/PM		TIDE CONDITIONS	
WEATHER CONDITIONS		WIND CONDITIONS	

CATCH OF THE DAY

SPECIES	WEIGHT	LENGTH	FLY USED

HATCHES	FLY PATTERN
	O DRY O WET O STREAMER O POPPER O SALT WATER
	O DRY O WET O STREAMER O POPPER O SALT WATER
	O DRY O WET O STREAMER O POPPER O SALT WATER
	O DRY O WET O STREAMER O POPPER O SALT WATER
	O DRY O WET O STREAMER O POPPER O SALT WATER
	O DRY O WET O STREAMER O POPPER O SALT WATER

NOTES

FAVORITE FLY OF THE DAY	
FAVORITE FISHING SPOT	
HIGHLIGHT OF THE DAY	

MY FISHING LOG

DATE		LOCATION	
TIME		MOON PHASE	
AM/PM		TIDE CONDITIONS	
WEATHER CONDITIONS		WIND CONDITIONS	

CATCH OF THE DAY

SPECIES	WEIGHT	LENGTH	FLY USED

HATCHES	FLY PATTERN
	O DRY O WET O STREAMER O POPPER O SALT WATER
	O DRY O WET O STREAMER O POPPER O SALT WATER
	O DRY O WET O STREAMER O POPPER O SALT WATER
	O DRY O WET O STREAMER O POPPER O SALT WATER
	O DRY O WET O STREAMER O POPPER O SALT WATER
	O DRY O WET O STREAMER O POPPER O SALT WATER

NOTES

FAVORITE FLY OF THE DAY	
FAVORITE FISHING SPOT	
HIGHLIGHT OF THE DAY	

MY FISHING LOG

DATE		LOCATION	
TIME		MOON PHASE	
AM/PM		TIDE CONDITIONS	
WEATHER CONDITIONS		WIND CONDITIONS	

CATCH OF THE DAY

SPECIES	WEIGHT	LENGTH	FLY USED

HATCHES	FLY PATTERN
	O DRY O WET O STREAMER O POPPER O SALT WATER
	O DRY O WET O STREAMER O POPPER O SALT WATER
	O DRY O WET O STREAMER O POPPER O SALT WATER
	O DRY O WET O STREAMER O POPPER O SALT WATER
	O DRY O WET O STREAMER O POPPER O SALT WATER
	O DRY O WET O STREAMER O POPPER O SALT WATER

NOTES

FAVORITE FLY OF THE DAY	
FAVORITE FISHING SPOT	
HIGHLIGHT OF THE DAY	

MY FISHING LOG

DATE		LOCATION	
TIME		MOON PHASE	
AM/PM		TIDE CONDITIONS	
WEATHER CONDITIONS		WIND CONDITIONS	

CATCH OF THE DAY

SPECIES	WEIGHT	LENGTH	FLY USED

HATCHES	FLY PATTERN
	O DRY O WET O STREAMER O POPPER O SALT WATER
	O DRY O WET O STREAMER O POPPER O SALT WATER
	O DRY O WET O STREAMER O POPPER O SALT WATER
	O DRY O WET O STREAMER O POPPER O SALT WATER
	O DRY O WET O STREAMER O POPPER O SALT WATER
	O DRY O WET O STREAMER O POPPER O SALT WATER

NOTES

FAVORITE FLY OF THE DAY	
FAVORITE FISHING SPOT	
HIGHLIGHT OF THE DAY	

MY FISHING LOG

DATE		LOCATION	
TIME		MOON PHASE	
AM/PM		TIDE CONDITIONS	
WEATHER CONDITIONS		WIND CONDITIONS	

CATCH OF THE DAY

SPECIES	WEIGHT	LENGTH	FLY USED

HATCHES	FLY PATTERN
	O DRY O WET O STREAMER O POPPER O SALT WATER
	O DRY O WET O STREAMER O POPPER O SALT WATER
	O DRY O WET O STREAMER O POPPER O SALT WATER
	O DRY O WET O STREAMER O POPPER O SALT WATER
	O DRY O WET O STREAMER O POPPER O SALT WATER
	O DRY O WET O STREAMER O POPPER O SALT WATER

NOTES

FAVORITE FLY OF THE DAY	
FAVORITE FISHING SPOT	
HIGHLIGHT OF THE DAY	

MY FISHING LOG

DATE		LOCATION	
TIME		MOON PHASE	
AM/PM		TIDE CONDITIONS	
WEATHER CONDITIONS		WIND CONDITIONS	

CATCH OF THE DAY

SPECIES	WEIGHT	LENGTH	FLY USED

HATCHES	FLY PATTERN
	O DRY O WET O STREAMER O POPPER O SALT WATER
	O DRY O WET O STREAMER O POPPER O SALT WATER
	O DRY O WET O STREAMER O POPPER O SALT WATER
	O DRY O WET O STREAMER O POPPER O SALT WATER
	O DRY O WET O STREAMER O POPPER O SALT WATER
	O DRY O WET O STREAMER O POPPER O SALT WATER

NOTES

FAVORITE FLY OF THE DAY	
FAVORITE FISHING SPOT	
HIGHLIGHT OF THE DAY	

MY FISHING LOG

DATE		LOCATION	
TIME		MOON PHASE	
AM/PM		TIDE CONDITIONS	
WEATHER CONDITIONS		WIND CONDITIONS	

CATCH OF THE DAY

SPECIES	WEIGHT	LENGTH	FLY USED

HATCHES	FLY PATTERN
	O DRY O WET O STREAMER O POPPER O SALT WATER
	O DRY O WET O STREAMER O POPPER O SALT WATER
	O DRY O WET O STREAMER O POPPER O SALT WATER
	O DRY O WET O STREAMER O POPPER O SALT WATER
	O DRY O WET O STREAMER O POPPER O SALT WATER
	O DRY O WET O STREAMER O POPPER O SALT WATER

NOTES

FAVORITE FLY OF THE DAY	
FAVORITE FISHING SPOT	
HIGHLIGHT OF THE DAY	

MY FISHING LOG

DATE		LOCATION	
TIME		MOON PHASE	
AM/PM		TIDE CONDITIONS	
WEATHER CONDITIONS		WIND CONDITIONS	

CATCH OF THE DAY

SPECIES	WEIGHT	LENGTH	FLY USED

HATCHES	FLY PATTERN
	O DRY O WET O STREAMER O POPPER O SALT WATER
	O DRY O WET O STREAMER O POPPER O SALT WATER
	O DRY O WET O STREAMER O POPPER O SALT WATER
	O DRY O WET O STREAMER O POPPER O SALT WATER
	O DRY O WET O STREAMER O POPPER O SALT WATER
	O DRY O WET O STREAMER O POPPER O SALT WATER

NOTES

FAVORITE FLY OF THE DAY	
FAVORITE FISHING SPOT	
HIGHLIGHT OF THE DAY	

MY FISHING LOG

DATE		LOCATION	
TIME		MOON PHASE	
AM/PM		TIDE CONDITIONS	
WEATHER CONDITIONS		WIND CONDITIONS	

CATCH OF THE DAY

SPECIES	WEIGHT	LENGTH	FLY USED

HATCHES	FLY PATTERN
	O DRY O WET O STREAMER O POPPER O SALT WATER
	O DRY O WET O STREAMER O POPPER O SALT WATER
	O DRY O WET O STREAMER O POPPER O SALT WATER
	O DRY O WET O STREAMER O POPPER O SALT WATER
	O DRY O WET O STREAMER O POPPER O SALT WATER
	O DRY O WET O STREAMER O POPPER O SALT WATER

NOTES

FAVORITE FLY OF THE DAY	
FAVORITE FISHING SPOT	
HIGHLIGHT OF THE DAY	

MY FISHING LOG

DATE		LOCATION	
TIME		MOON PHASE	
AM/PM		TIDE CONDITIONS	
WEATHER CONDITIONS		WIND CONDITIONS	

CATCH OF THE DAY

SPECIES	WEIGHT	LENGTH	FLY USED

HATCHES	FLY PATTERN
	O DRY O WET O STREAMER O POPPER O SALT WATER
	O DRY O WET O STREAMER O POPPER O SALT WATER
	O DRY O WET O STREAMER O POPPER O SALT WATER
	O DRY O WET O STREAMER O POPPER O SALT WATER
	O DRY O WET O STREAMER O POPPER O SALT WATER
	O DRY O WET O STREAMER O POPPER O SALT WATER

NOTES

FAVORITE FLY OF THE DAY	
FAVORITE FISHING SPOT	
HIGHLIGHT OF THE DAY	

MY FISHING LOG

DATE		LOCATION	
TIME		MOON PHASE	
AM/PM		TIDE CONDITIONS	
WEATHER CONDITIONS		WIND CONDITIONS	

CATCH OF THE DAY

SPECIES	WEIGHT	LENGTH	FLY USED

HATCHES	FLY PATTERN
	O DRY O WET O STREAMER O POPPER O SALT WATER
	O DRY O WET O STREAMER O POPPER O SALT WATER
	O DRY O WET O STREAMER O POPPER O SALT WATER
	O DRY O WET O STREAMER O POPPER O SALT WATER
	O DRY O WET O STREAMER O POPPER O SALT WATER
	O DRY O WET O STREAMER O POPPER O SALT WATER

NOTES

FAVORITE FLY OF THE DAY	
FAVORITE FISHING SPOT	
HIGHLIGHT OF THE DAY	

MY FISHING LOG

DATE		LOCATION	
TIME		MOON PHASE	
AM/PM		TIDE CONDITIONS	
WEATHER CONDITIONS		WIND CONDITIONS	

CATCH OF THE DAY

SPECIES	WEIGHT	LENGTH	FLY USED

HATCHES	FLY PATTERN
	O DRY O WET O STREAMER O POPPER O SALT WATER
	O DRY O WET O STREAMER O POPPER O SALT WATER
	O DRY O WET O STREAMER O POPPER O SALT WATER
	O DRY O WET O STREAMER O POPPER O SALT WATER
	O DRY O WET O STREAMER O POPPER O SALT WATER
	O DRY O WET O STREAMER O POPPER O SALT WATER

NOTES

FAVORITE FLY OF THE DAY	
FAVORITE FISHING SPOT	
HIGHLIGHT OF THE DAY	

MY FISHING LOG

DATE		LOCATION	
TIME		MOON PHASE	
AM/PM		TIDE CONDITIONS	
WEATHER CONDITIONS		WIND CONDITIONS	

CATCH OF THE DAY

SPECIES	WEIGHT	LENGTH	FLY USED

HATCHES	FLY PATTERN
	O DRY O WET O STREAMER O POPPER O SALT WATER
	O DRY O WET O STREAMER O POPPER O SALT WATER
	O DRY O WET O STREAMER O POPPER O SALT WATER
	O DRY O WET O STREAMER O POPPER O SALT WATER
	O DRY O WET O STREAMER O POPPER O SALT WATER
	O DRY O WET O STREAMER O POPPER O SALT WATER

NOTES

FAVORITE FLY OF THE DAY	
FAVORITE FISHING SPOT	
HIGHLIGHT OF THE DAY	

MY FISHING LOG

DATE		LOCATION	
TIME		MOON PHASE	
AM/PM		TIDE CONDITIONS	
WEATHER CONDITIONS		WIND CONDITIONS	

CATCH OF THE DAY

SPECIES	WEIGHT	LENGTH	FLY USED

HATCHES	FLY PATTERN
	O DRY O WET O STREAMER O POPPER O SALT WATER
	O DRY O WET O STREAMER O POPPER O SALT WATER
	O DRY O WET O STREAMER O POPPER O SALT WATER
	O DRY O WET O STREAMER O POPPER O SALT WATER
	O DRY O WET O STREAMER O POPPER O SALT WATER
	O DRY O WET O STREAMER O POPPER O SALT WATER

NOTES

FAVORITE FLY OF THE DAY	
FAVORITE FISHING SPOT	
HIGHLIGHT OF THE DAY	

MY FISHING LOG

DATE		LOCATION	
TIME		MOON PHASE	
AM/PM		TIDE CONDITIONS	
WEATHER CONDITIONS		WIND CONDITIONS	

CATCH OF THE DAY

SPECIES	WEIGHT	LENGTH	FLY USED

HATCHES	FLY PATTERN
	O DRY O WET O STREAMER O POPPER O SALT WATER
	O DRY O WET O STREAMER O POPPER O SALT WATER
	O DRY O WET O STREAMER O POPPER O SALT WATER
	O DRY O WET O STREAMER O POPPER O SALT WATER
	O DRY O WET O STREAMER O POPPER O SALT WATER
	O DRY O WET O STREAMER O POPPER O SALT WATER

NOTES

FAVORITE FLY OF THE DAY	
FAVORITE FISHING SPOT	
HIGHLIGHT OF THE DAY	

MY FISHING LOG

DATE		LOCATION	
TIME		MOON PHASE	
AM/PM		TIDE CONDITIONS	
WEATHER CONDITIONS		WIND CONDITIONS	

CATCH OF THE DAY

SPECIES	WEIGHT	LENGTH	FLY USED

HATCHES	FLY PATTERN
	O DRY O WET O STREAMER O POPPER O SALT WATER
	O DRY O WET O STREAMER O POPPER O SALT WATER
	O DRY O WET O STREAMER O POPPER O SALT WATER
	O DRY O WET O STREAMER O POPPER O SALT WATER
	O DRY O WET O STREAMER O POPPER O SALT WATER
	O DRY O WET O STREAMER O POPPER O SALT WATER

NOTES

FAVORITE FLY OF THE DAY	
FAVORITE FISHING SPOT	
HIGHLIGHT OF THE DAY	

MY FISHING LOG

DATE		LOCATION	
TIME		MOON PHASE	
AM/PM		TIDE CONDITIONS	
WEATHER CONDITIONS		WIND CONDITIONS	

CATCH OF THE DAY

SPECIES	WEIGHT	LENGTH	FLY USED

HATCHES	FLY PATTERN
	O DRY O WET O STREAMER O POPPER O SALT WATER
	O DRY O WET O STREAMER O POPPER O SALT WATER
	O DRY O WET O STREAMER O POPPER O SALT WATER
	O DRY O WET O STREAMER O POPPER O SALT WATER
	O DRY O WET O STREAMER O POPPER O SALT WATER
	O DRY O WET O STREAMER O POPPER O SALT WATER

NOTES

FAVORITE FLY OF THE DAY	
FAVORITE FISHING SPOT	
HIGHLIGHT OF THE DAY	

MY FISHING LOG

DATE		LOCATION	
TIME		MOON PHASE	
AM/PM		TIDE CONDITIONS	
WEATHER CONDITIONS		WIND CONDITIONS	

CATCH OF THE DAY

SPECIES	WEIGHT	LENGTH	FLY USED

HATCHES	FLY PATTERN
	O DRY O WET O STREAMER O POPPER O SALT WATER
	O DRY O WET O STREAMER O POPPER O SALT WATER
	O DRY O WET O STREAMER O POPPER O SALT WATER
	O DRY O WET O STREAMER O POPPER O SALT WATER
	O DRY O WET O STREAMER O POPPER O SALT WATER
	O DRY O WET O STREAMER O POPPER O SALT WATER

NOTES

FAVORITE FLY OF THE DAY	
FAVORITE FISHING SPOT	
HIGHLIGHT OF THE DAY	

MY FISHING LOG

DATE		LOCATION	
TIME		MOON PHASE	
AM/PM		TIDE CONDITIONS	
WEATHER CONDITIONS		WIND CONDITIONS	

CATCH OF THE DAY

SPECIES	WEIGHT	LENGTH	FLY USED

HATCHES	FLY PATTERN
	O DRY O WET O STREAMER O POPPER O SALT WATER
	O DRY O WET O STREAMER O POPPER O SALT WATER
	O DRY O WET O STREAMER O POPPER O SALT WATER
	O DRY O WET O STREAMER O POPPER O SALT WATER
	O DRY O WET O STREAMER O POPPER O SALT WATER
	O DRY O WET O STREAMER O POPPER O SALT WATER

NOTES

FAVORITE FLY OF THE DAY	
FAVORITE FISHING SPOT	
HIGHLIGHT OF THE DAY	

MY FISHING LOG

DATE		LOCATION	
TIME		MOON PHASE	
AM/PM		TIDE CONDITIONS	
WEATHER CONDITIONS		WIND CONDITIONS	

CATCH OF THE DAY

SPECIES	WEIGHT	LENGTH	FLY USED

HATCHES	FLY PATTERN
	O DRY O WET O STREAMER O POPPER O SALT WATER
	O DRY O WET O STREAMER O POPPER O SALT WATER
	O DRY O WET O STREAMER O POPPER O SALT WATER
	O DRY O WET O STREAMER O POPPER O SALT WATER
	O DRY O WET O STREAMER O POPPER O SALT WATER
	O DRY O WET O STREAMER O POPPER O SALT WATER

NOTES

FAVORITE FLY OF THE DAY	
FAVORITE FISHING SPOT	
HIGHLIGHT OF THE DAY	

MY FISHING LOG

DATE		LOCATION	
TIME		MOON PHASE	
AM/PM		TIDE CONDITIONS	
WEATHER CONDITIONS		WIND CONDITIONS	

CATCH OF THE DAY

SPECIES	WEIGHT	LENGTH	FLY USED

HATCHES	FLY PATTERN
	O DRY O WET O STREAMER O POPPER O SALT WATER
	O DRY O WET O STREAMER O POPPER O SALT WATER
	O DRY O WET O STREAMER O POPPER O SALT WATER
	O DRY O WET O STREAMER O POPPER O SALT WATER
	O DRY O WET O STREAMER O POPPER O SALT WATER
	O DRY O WET O STREAMER O POPPER O SALT WATER

NOTES

FAVORITE FLY OF THE DAY	
FAVORITE FISHING SPOT	
HIGHLIGHT OF THE DAY	

MY FISHING LOG

DATE		LOCATION	
TIME		MOON PHASE	
AM/PM		TIDE CONDITIONS	
WEATHER CONDITIONS		WIND CONDITIONS	

CATCH OF THE DAY

SPECIES	WEIGHT	LENGTH	FLY USED

HATCHES	FLY PATTERN
	O DRY O WET O STREAMER O POPPER O SALT WATER
	O DRY O WET O STREAMER O POPPER O SALT WATER
	O DRY O WET O STREAMER O POPPER O SALT WATER
	O DRY O WET O STREAMER O POPPER O SALT WATER
	O DRY O WET O STREAMER O POPPER O SALT WATER
	O DRY O WET O STREAMER O POPPER O SALT WATER

NOTES

FAVORITE FLY OF THE DAY	
FAVORITE FISHING SPOT	
HIGHLIGHT OF THE DAY	

MY FISHING LOG

DATE		LOCATION	
TIME		MOON PHASE	
AM/PM		TIDE CONDITIONS	
WEATHER CONDITIONS		WIND CONDITIONS	

CATCH OF THE DAY

SPECIES	WEIGHT	LENGTH	FLY USED

HATCHES	FLY PATTERN
	O DRY O WET O STREAMER O POPPER O SALT WATER
	O DRY O WET O STREAMER O POPPER O SALT WATER
	O DRY O WET O STREAMER O POPPER O SALT WATER
	O DRY O WET O STREAMER O POPPER O SALT WATER
	O DRY O WET O STREAMER O POPPER O SALT WATER
	O DRY O WET O STREAMER O POPPER O SALT WATER

NOTES

FAVORITE FLY OF THE DAY	
FAVORITE FISHING SPOT	
HIGHLIGHT OF THE DAY	

MY FISHING LOG

DATE		LOCATION	
TIME		MOON PHASE	
AM/PM		TIDE CONDITIONS	
WEATHER CONDITIONS		WIND CONDITIONS	

CATCH OF THE DAY

SPECIES	WEIGHT	LENGTH	FLY USED

HATCHES	FLY PATTERN
	O DRY O WET O STREAMER O POPPER O SALT WATER
	O DRY O WET O STREAMER O POPPER O SALT WATER
	O DRY O WET O STREAMER O POPPER O SALT WATER
	O DRY O WET O STREAMER O POPPER O SALT WATER
	O DRY O WET O STREAMER O POPPER O SALT WATER
	O DRY O WET O STREAMER O POPPER O SALT WATER

NOTES

FAVORITE FLY OF THE DAY	
FAVORITE FISHING SPOT	
HIGHLIGHT OF THE DAY	

MY FISHING LOG

DATE		LOCATION	
TIME		MOON PHASE	
AM/PM		TIDE CONDITIONS	
WEATHER CONDITIONS		WIND CONDITIONS	

CATCH OF THE DAY

SPECIES	WEIGHT	LENGTH	FLY USED

HATCHES	FLY PATTERN
	O DRY O WET O STREAMER O POPPER O SALT WATER
	O DRY O WET O STREAMER O POPPER O SALT WATER
	O DRY O WET O STREAMER O POPPER O SALT WATER
	O DRY O WET O STREAMER O POPPER O SALT WATER
	O DRY O WET O STREAMER O POPPER O SALT WATER
	O DRY O WET O STREAMER O POPPER O SALT WATER

NOTES

FAVORITE FLY OF THE DAY	
FAVORITE FISHING SPOT	
HIGHLIGHT OF THE DAY	

MY FISHING LOG

DATE		LOCATION	
TIME		MOON PHASE	
AM/PM		TIDE CONDITIONS	
WEATHER CONDITIONS		WIND CONDITIONS	

CATCH OF THE DAY

SPECIES	WEIGHT	LENGTH	FLY USED

HATCHES	FLY PATTERN
	O DRY O WET O STREAMER O POPPER O SALT WATER
	O DRY O WET O STREAMER O POPPER O SALT WATER
	O DRY O WET O STREAMER O POPPER O SALT WATER
	O DRY O WET O STREAMER O POPPER O SALT WATER
	O DRY O WET O STREAMER O POPPER O SALT WATER
	O DRY O WET O STREAMER O POPPER O SALT WATER

NOTES

FAVORITE FLY OF THE DAY	
FAVORITE FISHING SPOT	
HIGHLIGHT OF THE DAY	

MY FISHING LOG

DATE		LOCATION	
TIME		MOON PHASE	
AM/PM		TIDE CONDITIONS	
WEATHER CONDITIONS		WIND CONDITIONS	

CATCH OF THE DAY

SPECIES	WEIGHT	LENGTH	FLY USED

HATCHES	FLY PATTERN
	O DRY O WET O STREAMER O POPPER O SALT WATER
	O DRY O WET O STREAMER O POPPER O SALT WATER
	O DRY O WET O STREAMER O POPPER O SALT WATER
	O DRY O WET O STREAMER O POPPER O SALT WATER
	O DRY O WET O STREAMER O POPPER O SALT WATER
	O DRY O WET O STREAMER O POPPER O SALT WATER

NOTES

FAVORITE FLY OF THE DAY	
FAVORITE FISHING SPOT	
HIGHLIGHT OF THE DAY	

MY FISHING LOG

DATE		LOCATION	
TIME		MOON PHASE	
AM/PM		TIDE CONDITIONS	
WEATHER CONDITIONS		WIND CONDITIONS	

CATCH OF THE DAY

SPECIES	WEIGHT	LENGTH	FLY USED

HATCHES	FLY PATTERN
	O DRY O WET O STREAMER O POPPER O SALT WATER
	O DRY O WET O STREAMER O POPPER O SALT WATER
	O DRY O WET O STREAMER O POPPER O SALT WATER
	O DRY O WET O STREAMER O POPPER O SALT WATER
	O DRY O WET O STREAMER O POPPER O SALT WATER
	O DRY O WET O STREAMER O POPPER O SALT WATER

NOTES

FAVORITE FLY OF THE DAY	
FAVORITE FISHING SPOT	
HIGHLIGHT OF THE DAY	

MY FISHING LOG

DATE		LOCATION	
TIME		MOON PHASE	
AM/PM		TIDE CONDITIONS	
WEATHER CONDITIONS		WIND CONDITIONS	

CATCH OF THE DAY

SPECIES	WEIGHT	LENGTH	FLY USED

HATCHES	FLY PATTERN
	O DRY O WET O STREAMER O POPPER O SALT WATER
	O DRY O WET O STREAMER O POPPER O SALT WATER
	O DRY O WET O STREAMER O POPPER O SALT WATER
	O DRY O WET O STREAMER O POPPER O SALT WATER
	O DRY O WET O STREAMER O POPPER O SALT WATER
	O DRY O WET O STREAMER O POPPER O SALT WATER

NOTES

FAVORITE FLY OF THE DAY	
FAVORITE FISHING SPOT	
HIGHLIGHT OF THE DAY	

MY FISHING LOG

DATE		LOCATION	
TIME		MOON PHASE	
AM/PM		TIDE CONDITIONS	
WEATHER CONDITIONS		WIND CONDITIONS	

CATCH OF THE DAY

SPECIES	WEIGHT	LENGTH	FLY USED

HATCHES	FLY PATTERN
	O DRY O WET O STREAMER O POPPER O SALT WATER
	O DRY O WET O STREAMER O POPPER O SALT WATER
	O DRY O WET O STREAMER O POPPER O SALT WATER
	O DRY O WET O STREAMER O POPPER O SALT WATER
	O DRY O WET O STREAMER O POPPER O SALT WATER
	O DRY O WET O STREAMER O POPPER O SALT WATER

NOTES

FAVORITE FLY OF THE DAY	
FAVORITE FISHING SPOT	
HIGHLIGHT OF THE DAY	

MY FISHING LOG

DATE		LOCATION	
TIME		MOON PHASE	
AM/PM		TIDE CONDITIONS	
WEATHER CONDITIONS		WIND CONDITIONS	

CATCH OF THE DAY

SPECIES	WEIGHT	LENGTH	FLY USED

HATCHES	FLY PATTERN
	O DRY O WET O STREAMER O POPPER O SALT WATER
	O DRY O WET O STREAMER O POPPER O SALT WATER
	O DRY O WET O STREAMER O POPPER O SALT WATER
	O DRY O WET O STREAMER O POPPER O SALT WATER
	O DRY O WET O STREAMER O POPPER O SALT WATER
	O DRY O WET O STREAMER O POPPER O SALT WATER

NOTES

FAVORITE FLY OF THE DAY	
FAVORITE FISHING SPOT	
HIGHLIGHT OF THE DAY	

MY FISHING LOG

DATE		LOCATION	
TIME		MOON PHASE	
AM/PM		TIDE CONDITIONS	
WEATHER CONDITIONS		WIND CONDITIONS	

CATCH OF THE DAY

SPECIES	WEIGHT	LENGTH	FLY USED

HATCHES	FLY PATTERN
	O DRY O WET O STREAMER O POPPER O SALT WATER
	O DRY O WET O STREAMER O POPPER O SALT WATER
	O DRY O WET O STREAMER O POPPER O SALT WATER
	O DRY O WET O STREAMER O POPPER O SALT WATER
	O DRY O WET O STREAMER O POPPER O SALT WATER
	O DRY O WET O STREAMER O POPPER O SALT WATER

NOTES

FAVORITE FLY OF THE DAY	
FAVORITE FISHING SPOT	
HIGHLIGHT OF THE DAY	

MY FISHING LOG

DATE		LOCATION	
TIME		MOON PHASE	
AM/PM		TIDE CONDITIONS	
WEATHER CONDITIONS		WIND CONDITIONS	

CATCH OF THE DAY

SPECIES	WEIGHT	LENGTH	FLY USED

HATCHES	FLY PATTERN
	O DRY O WET O STREAMER O POPPER O SALT WATER
	O DRY O WET O STREAMER O POPPER O SALT WATER
	O DRY O WET O STREAMER O POPPER O SALT WATER
	O DRY O WET O STREAMER O POPPER O SALT WATER
	O DRY O WET O STREAMER O POPPER O SALT WATER
	O DRY O WET O STREAMER O POPPER O SALT WATER

NOTES

FAVORITE FLY OF THE DAY	
FAVORITE FISHING SPOT	
HIGHLIGHT OF THE DAY	

MY FISHING LOG

DATE		LOCATION	
TIME		MOON PHASE	
AM/PM		TIDE CONDITIONS	
WEATHER CONDITIONS		WIND CONDITIONS	

CATCH OF THE DAY

SPECIES	WEIGHT	LENGTH	FLY USED

HATCHES	FLY PATTERN
	O DRY O WET O STREAMER O POPPER O SALT WATER
	O DRY O WET O STREAMER O POPPER O SALT WATER
	O DRY O WET O STREAMER O POPPER O SALT WATER
	O DRY O WET O STREAMER O POPPER O SALT WATER
	O DRY O WET O STREAMER O POPPER O SALT WATER
	O DRY O WET O STREAMER O POPPER O SALT WATER

NOTES

FAVORITE FLY OF THE DAY	
FAVORITE FISHING SPOT	
HIGHLIGHT OF THE DAY	

MY FISHING LOG

DATE		LOCATION	
TIME		MOON PHASE	
AM/PM		TIDE CONDITIONS	
WEATHER CONDITIONS		WIND CONDITIONS	

CATCH OF THE DAY

SPECIES	WEIGHT	LENGTH	FLY USED

HATCHES	FLY PATTERN
	O DRY O WET O STREAMER O POPPER O SALT WATER
	O DRY O WET O STREAMER O POPPER O SALT WATER
	O DRY O WET O STREAMER O POPPER O SALT WATER
	O DRY O WET O STREAMER O POPPER O SALT WATER
	O DRY O WET O STREAMER O POPPER O SALT WATER
	O DRY O WET O STREAMER O POPPER O SALT WATER

NOTES

FAVORITE FLY OF THE DAY	
FAVORITE FISHING SPOT	
HIGHLIGHT OF THE DAY	

MY FISHING LOG

DATE		LOCATION	
TIME		MOON PHASE	
AM/PM		TIDE CONDITIONS	
WEATHER CONDITIONS		WIND CONDITIONS	

CATCH OF THE DAY

SPECIES	WEIGHT	LENGTH	FLY USED

HATCHES	FLY PATTERN
	O DRY O WET O STREAMER O POPPER O SALT WATER
	O DRY O WET O STREAMER O POPPER O SALT WATER
	O DRY O WET O STREAMER O POPPER O SALT WATER
	O DRY O WET O STREAMER O POPPER O SALT WATER
	O DRY O WET O STREAMER O POPPER O SALT WATER
	O DRY O WET O STREAMER O POPPER O SALT WATER

NOTES

FAVORITE FLY OF THE DAY	
FAVORITE FISHING SPOT	
HIGHLIGHT OF THE DAY	

MY FISHING LOG

DATE		LOCATION	
TIME		MOON PHASE	
AM/PM		TIDE CONDITIONS	
WEATHER CONDITIONS		WIND CONDITIONS	

CATCH OF THE DAY

SPECIES	WEIGHT	LENGTH	FLY USED

HATCHES	FLY PATTERN
	O DRY O WET O STREAMER O POPPER O SALT WATER
	O DRY O WET O STREAMER O POPPER O SALT WATER
	O DRY O WET O STREAMER O POPPER O SALT WATER
	O DRY O WET O STREAMER O POPPER O SALT WATER
	O DRY O WET O STREAMER O POPPER O SALT WATER
	O DRY O WET O STREAMER O POPPER O SALT WATER

NOTES

FAVORITE FLY OF THE DAY	
FAVORITE FISHING SPOT	
HIGHLIGHT OF THE DAY	

MY FISHING LOG

DATE		LOCATION	
TIME		MOON PHASE	
AM/PM		TIDE CONDITIONS	
WEATHER CONDITIONS		WIND CONDITIONS	

CATCH OF THE DAY

SPECIES	WEIGHT	LENGTH	FLY USED

HATCHES	FLY PATTERN
	O DRY O WET O STREAMER O POPPER O SALT WATER
	O DRY O WET O STREAMER O POPPER O SALT WATER
	O DRY O WET O STREAMER O POPPER O SALT WATER
	O DRY O WET O STREAMER O POPPER O SALT WATER
	O DRY O WET O STREAMER O POPPER O SALT WATER
	O DRY O WET O STREAMER O POPPER O SALT WATER

NOTES

FAVORITE FLY OF THE DAY	
FAVORITE FISHING SPOT	
HIGHLIGHT OF THE DAY	

MY FISHING LOG

DATE		LOCATION	
TIME		MOON PHASE	
AM/PM		TIDE CONDITIONS	
WEATHER CONDITIONS		WIND CONDITIONS	

CATCH OF THE DAY

SPECIES	WEIGHT	LENGTH	FLY USED

HATCHES	FLY PATTERN
	O DRY O WET O STREAMER O POPPER O SALT WATER
	O DRY O WET O STREAMER O POPPER O SALT WATER
	O DRY O WET O STREAMER O POPPER O SALT WATER
	O DRY O WET O STREAMER O POPPER O SALT WATER
	O DRY O WET O STREAMER O POPPER O SALT WATER
	O DRY O WET O STREAMER O POPPER O SALT WATER

NOTES

FAVORITE FLY OF THE DAY	
FAVORITE FISHING SPOT	
HIGHLIGHT OF THE DAY	

MY FISHING LOG

DATE		LOCATION	
TIME		MOON PHASE	
AM/PM		TIDE CONDITIONS	
WEATHER CONDITIONS		WIND CONDITIONS	

CATCH OF THE DAY

SPECIES	WEIGHT	LENGTH	FLY USED

HATCHES	FLY PATTERN
	O DRY O WET O STREAMER O POPPER O SALT WATER
	O DRY O WET O STREAMER O POPPER O SALT WATER
	O DRY O WET O STREAMER O POPPER O SALT WATER
	O DRY O WET O STREAMER O POPPER O SALT WATER
	O DRY O WET O STREAMER O POPPER O SALT WATER
	O DRY O WET O STREAMER O POPPER O SALT WATER

NOTES

FAVORITE FLY OF THE DAY	
FAVORITE FISHING SPOT	
HIGHLIGHT OF THE DAY	

MY FISHING LOG

DATE		LOCATION	
TIME		MOON PHASE	
AM/PM		TIDE CONDITIONS	
WEATHER CONDITIONS		WIND CONDITIONS	

CATCH OF THE DAY

SPECIES	WEIGHT	LENGTH	FLY USED

HATCHES	FLY PATTERN
	O DRY O WET O STREAMER O POPPER O SALT WATER
	O DRY O WET O STREAMER O POPPER O SALT WATER
	O DRY O WET O STREAMER O POPPER O SALT WATER
	O DRY O WET O STREAMER O POPPER O SALT WATER
	O DRY O WET O STREAMER O POPPER O SALT WATER
	O DRY O WET O STREAMER O POPPER O SALT WATER

NOTES

FAVORITE FLY OF THE DAY	
FAVORITE FISHING SPOT	
HIGHLIGHT OF THE DAY	

MY FISHING LOG

DATE		LOCATION	
TIME		MOON PHASE	
AM/PM		TIDE CONDITIONS	
WEATHER CONDITIONS		WIND CONDITIONS	

CATCH OF THE DAY

SPECIES	WEIGHT	LENGTH	FLY USED

HATCHES	FLY PATTERN
	O DRY O WET O STREAMER O POPPER O SALT WATER
	O DRY O WET O STREAMER O POPPER O SALT WATER
	O DRY O WET O STREAMER O POPPER O SALT WATER
	O DRY O WET O STREAMER O POPPER O SALT WATER
	O DRY O WET O STREAMER O POPPER O SALT WATER
	O DRY O WET O STREAMER O POPPER O SALT WATER

NOTES

FAVORITE FLY OF THE DAY	
FAVORITE FISHING SPOT	
HIGHLIGHT OF THE DAY	

MY FISHING LOG

DATE		LOCATION	
TIME		MOON PHASE	
AM/PM		TIDE CONDITIONS	
WEATHER CONDITIONS		WIND CONDITIONS	

CATCH OF THE DAY

SPECIES	WEIGHT	LENGTH	FLY USED

HATCHES	FLY PATTERN
	O DRY O WET O STREAMER O POPPER O SALT WATER
	O DRY O WET O STREAMER O POPPER O SALT WATER
	O DRY O WET O STREAMER O POPPER O SALT WATER
	O DRY O WET O STREAMER O POPPER O SALT WATER
	O DRY O WET O STREAMER O POPPER O SALT WATER
	O DRY O WET O STREAMER O POPPER O SALT WATER

NOTES

FAVORITE FLY OF THE DAY	
FAVORITE FISHING SPOT	
HIGHLIGHT OF THE DAY	

MY FISHING LOG

DATE		LOCATION	
TIME		MOON PHASE	
AM/PM		TIDE CONDITIONS	
WEATHER CONDITIONS		WIND CONDITIONS	

CATCH OF THE DAY

SPECIES	WEIGHT	LENGTH	FLY USED

HATCHES	FLY PATTERN
	O DRY O WET O STREAMER O POPPER O SALT WATER
	O DRY O WET O STREAMER O POPPER O SALT WATER
	O DRY O WET O STREAMER O POPPER O SALT WATER
	O DRY O WET O STREAMER O POPPER O SALT WATER
	O DRY O WET O STREAMER O POPPER O SALT WATER
	O DRY O WET O STREAMER O POPPER O SALT WATER

NOTES

FAVORITE FLY OF THE DAY	
FAVORITE FISHING SPOT	
HIGHLIGHT OF THE DAY	

MY FISHING LOG

DATE		LOCATION	
TIME		MOON PHASE	
AM/PM		TIDE CONDITIONS	
WEATHER CONDITIONS		WIND CONDITIONS	

CATCH OF THE DAY

SPECIES	WEIGHT	LENGTH	FLY USED

HATCHES	FLY PATTERN
	O DRY O WET O STREAMER O POPPER O SALT WATER
	O DRY O WET O STREAMER O POPPER O SALT WATER
	O DRY O WET O STREAMER O POPPER O SALT WATER
	O DRY O WET O STREAMER O POPPER O SALT WATER
	O DRY O WET O STREAMER O POPPER O SALT WATER
	O DRY O WET O STREAMER O POPPER O SALT WATER

NOTES

FAVORITE FLY OF THE DAY	
FAVORITE FISHING SPOT	
HIGHLIGHT OF THE DAY	

MY FISHING LOG

DATE		LOCATION	
TIME		MOON PHASE	
AM/PM		TIDE CONDITIONS	
WEATHER CONDITIONS		WIND CONDITIONS	

CATCH OF THE DAY

SPECIES	WEIGHT	LENGTH	FLY USED

HATCHES	FLY PATTERN
	O DRY O WET O STREAMER O POPPER O SALT WATER
	O DRY O WET O STREAMER O POPPER O SALT WATER
	O DRY O WET O STREAMER O POPPER O SALT WATER
	O DRY O WET O STREAMER O POPPER O SALT WATER
	O DRY O WET O STREAMER O POPPER O SALT WATER
	O DRY O WET O STREAMER O POPPER O SALT WATER

NOTES

FAVORITE FLY OF THE DAY	
FAVORITE FISHING SPOT	
HIGHLIGHT OF THE DAY	

MY FISHING LOG

DATE		LOCATION	
TIME		MOON PHASE	
AM/PM		TIDE CONDITIONS	
WEATHER CONDITIONS		WIND CONDITIONS	

CATCH OF THE DAY

SPECIES	WEIGHT	LENGTH	FLY USED

HATCHES	FLY PATTERN
	O DRY O WET O STREAMER O POPPER O SALT WATER
	O DRY O WET O STREAMER O POPPER O SALT WATER
	O DRY O WET O STREAMER O POPPER O SALT WATER
	O DRY O WET O STREAMER O POPPER O SALT WATER
	O DRY O WET O STREAMER O POPPER O SALT WATER
	O DRY O WET O STREAMER O POPPER O SALT WATER

NOTES

FAVORITE FLY OF THE DAY	
FAVORITE FISHING SPOT	
HIGHLIGHT OF THE DAY	

MY FISHING LOG

DATE		LOCATION	
TIME		MOON PHASE	
AM/PM		TIDE CONDITIONS	
WEATHER CONDITIONS		WIND CONDITIONS	

CATCH OF THE DAY

SPECIES	WEIGHT	LENGTH	FLY USED

HATCHES	FLY PATTERN
	O DRY O WET O STREAMER O POPPER O SALT WATER
	O DRY O WET O STREAMER O POPPER O SALT WATER
	O DRY O WET O STREAMER O POPPER O SALT WATER
	O DRY O WET O STREAMER O POPPER O SALT WATER
	O DRY O WET O STREAMER O POPPER O SALT WATER
	O DRY O WET O STREAMER O POPPER O SALT WATER

NOTES

FAVORITE FLY OF THE DAY	
FAVORITE FISHING SPOT	
HIGHLIGHT OF THE DAY	

MY FISHING LOG

DATE		LOCATION	
TIME		MOON PHASE	
AM/PM		TIDE CONDITIONS	
WEATHER CONDITIONS		WIND CONDITIONS	

CATCH OF THE DAY

SPECIES	WEIGHT	LENGTH	FLY USED

HATCHES	FLY PATTERN
	O DRY O WET O STREAMER O POPPER O SALT WATER
	O DRY O WET O STREAMER O POPPER O SALT WATER
	O DRY O WET O STREAMER O POPPER O SALT WATER
	O DRY O WET O STREAMER O POPPER O SALT WATER
	O DRY O WET O STREAMER O POPPER O SALT WATER
	O DRY O WET O STREAMER O POPPER O SALT WATER

NOTES

FAVORITE FLY OF THE DAY	
FAVORITE FISHING SPOT	
HIGHLIGHT OF THE DAY	

MY FISHING LOG

DATE		LOCATION	
TIME		MOON PHASE	
AM/PM		TIDE CONDITIONS	
WEATHER CONDITIONS		WIND CONDITIONS	

CATCH OF THE DAY

SPECIES	WEIGHT	LENGTH	FLY USED

HATCHES	FLY PATTERN
	O DRY O WET O STREAMER O POPPER O SALT WATER
	O DRY O WET O STREAMER O POPPER O SALT WATER
	O DRY O WET O STREAMER O POPPER O SALT WATER
	O DRY O WET O STREAMER O POPPER O SALT WATER
	O DRY O WET O STREAMER O POPPER O SALT WATER
	O DRY O WET O STREAMER O POPPER O SALT WATER

NOTES

FAVORITE FLY OF THE DAY	
FAVORITE FISHING SPOT	
HIGHLIGHT OF THE DAY	

MY FISHING LOG

DATE		LOCATION	
TIME		MOON PHASE	
AM/PM		TIDE CONDITIONS	
WEATHER CONDITIONS		WIND CONDITIONS	

CATCH OF THE DAY

SPECIES	WEIGHT	LENGTH	FLY USED

HATCHES	FLY PATTERN
	O DRY O WET O STREAMER O POPPER O SALT WATER
	O DRY O WET O STREAMER O POPPER O SALT WATER
	O DRY O WET O STREAMER O POPPER O SALT WATER
	O DRY O WET O STREAMER O POPPER O SALT WATER
	O DRY O WET O STREAMER O POPPER O SALT WATER
	O DRY O WET O STREAMER O POPPER O SALT WATER

NOTES

FAVORITE FLY OF THE DAY	
FAVORITE FISHING SPOT	
HIGHLIGHT OF THE DAY	

MY FISHING LOG

DATE		LOCATION	
TIME		MOON PHASE	
AM/PM		TIDE CONDITIONS	
WEATHER CONDITIONS		WIND CONDITIONS	

CATCH OF THE DAY

SPECIES	WEIGHT	LENGTH	FLY USED

HATCHES	FLY PATTERN
	O DRY O WET O STREAMER O POPPER O SALT WATER
	O DRY O WET O STREAMER O POPPER O SALT WATER
	O DRY O WET O STREAMER O POPPER O SALT WATER
	O DRY O WET O STREAMER O POPPER O SALT WATER
	O DRY O WET O STREAMER O POPPER O SALT WATER
	O DRY O WET O STREAMER O POPPER O SALT WATER

NOTES

FAVORITE FLY OF THE DAY	
FAVORITE FISHING SPOT	
HIGHLIGHT OF THE DAY	

MY FISHING LOG

DATE		LOCATION	
TIME		MOON PHASE	
AM/PM		TIDE CONDITIONS	
WEATHER CONDITIONS		WIND CONDITIONS	

CATCH OF THE DAY

SPECIES	WEIGHT	LENGTH	FLY USED

HATCHES	FLY PATTERN
	O DRY O WET O STREAMER O POPPER O SALT WATER
	O DRY O WET O STREAMER O POPPER O SALT WATER
	O DRY O WET O STREAMER O POPPER O SALT WATER
	O DRY O WET O STREAMER O POPPER O SALT WATER
	O DRY O WET O STREAMER O POPPER O SALT WATER
	O DRY O WET O STREAMER O POPPER O SALT WATER

NOTES

FAVORITE FLY OF THE DAY	
FAVORITE FISHING SPOT	
HIGHLIGHT OF THE DAY	

MY FISHING LOG

DATE		LOCATION	
TIME		MOON PHASE	
AM/PM		TIDE CONDITIONS	
WEATHER CONDITIONS		WIND CONDITIONS	

CATCH OF THE DAY

SPECIES	WEIGHT	LENGTH	FLY USED

HATCHES	FLY PATTERN
	O DRY O WET O STREAMER O POPPER O SALT WATER
	O DRY O WET O STREAMER O POPPER O SALT WATER
	O DRY O WET O STREAMER O POPPER O SALT WATER
	O DRY O WET O STREAMER O POPPER O SALT WATER
	O DRY O WET O STREAMER O POPPER O SALT WATER
	O DRY O WET O STREAMER O POPPER O SALT WATER

NOTES

FAVORITE FLY OF THE DAY	
FAVORITE FISHING SPOT	
HIGHLIGHT OF THE DAY	

MY FISHING LOG			
DATE		LOCATION	
TIME		MOON PHASE	
AM/PM		TIDE CONDITIONS	
WEATHER CONDITIONS		WIND CONDITIONS	

CATCH OF THE DAY			
SPECIES	WEIGHT	LENGTH	FLY USED

HATCHES	FLY PATTERN
	O DRY O WET O STREAMER O POPPER O SALT WATER
	O DRY O WET O STREAMER O POPPER O SALT WATER
	O DRY O WET O STREAMER O POPPER O SALT WATER
	O DRY O WET O STREAMER O POPPER O SALT WATER
	O DRY O WET O STREAMER O POPPER O SALT WATER
	O DRY O WET O STREAMER O POPPER O SALT WATER

NOTES	
FAVORITE FLY OF THE DAY	
FAVORITE FISHING SPOT	
HIGHLIGHT OF THE DAY	

MY FISHING LOG

DATE		LOCATION	
TIME		MOON PHASE	
AM/PM		TIDE CONDITIONS	
WEATHER CONDITIONS		WIND CONDITIONS	

CATCH OF THE DAY

SPECIES	WEIGHT	LENGTH	FLY USED

HATCHES	FLY PATTERN
	O DRY O WET O STREAMER O POPPER O SALT WATER
	O DRY O WET O STREAMER O POPPER O SALT WATER
	O DRY O WET O STREAMER O POPPER O SALT WATER
	O DRY O WET O STREAMER O POPPER O SALT WATER
	O DRY O WET O STREAMER O POPPER O SALT WATER
	O DRY O WET O STREAMER O POPPER O SALT WATER

NOTES

FAVORITE FLY OF THE DAY	
FAVORITE FISHING SPOT	
HIGHLIGHT OF THE DAY	

MY FISHING LOG

DATE		LOCATION	
TIME		MOON PHASE	
AM/PM		TIDE CONDITIONS	
WEATHER CONDITIONS		WIND CONDITIONS	

CATCH OF THE DAY

SPECIES	WEIGHT	LENGTH	FLY USED

HATCHES	FLY PATTERN
	O DRY O WET O STREAMER O POPPER O SALT WATER
	O DRY O WET O STREAMER O POPPER O SALT WATER
	O DRY O WET O STREAMER O POPPER O SALT WATER
	O DRY O WET O STREAMER O POPPER O SALT WATER
	O DRY O WET O STREAMER O POPPER O SALT WATER
	O DRY O WET O STREAMER O POPPER O SALT WATER

NOTES

FAVORITE FLY OF THE DAY	
FAVORITE FISHING SPOT	
HIGHLIGHT OF THE DAY	

MY FISHING LOG

DATE		LOCATION	
TIME		MOON PHASE	
AM/PM		TIDE CONDITIONS	
WEATHER CONDITIONS		WIND CONDITIONS	

CATCH OF THE DAY

SPECIES	WEIGHT	LENGTH	FLY USED

HATCHES	FLY PATTERN
	O DRY O WET O STREAMER O POPPER O SALT WATER
	O DRY O WET O STREAMER O POPPER O SALT WATER
	O DRY O WET O STREAMER O POPPER O SALT WATER
	O DRY O WET O STREAMER O POPPER O SALT WATER
	O DRY O WET O STREAMER O POPPER O SALT WATER
	O DRY O WET O STREAMER O POPPER O SALT WATER

NOTES

FAVORITE FLY OF THE DAY	
FAVORITE FISHING SPOT	
HIGHLIGHT OF THE DAY	

www.ingramcontent.com/pod-product-compliance
Lightning Source LLC
Chambersburg PA
CBHW070026030426
42335CB00017B/2315